El MUNDO de los INSECTOS

EL CICLO DE VIDA DE LOS INSECTOS

Molly Aloian y Bobbie Kalman

Crabtree Publishing Company

www.crabtreebooks.com

EL CICLO DE VIDA DE LOS INSECTOS

Creado por Bobbie Kalman

Dedicado por Samara Parent
Para Jordan DeMarco; tu papá y yo te amamos

Editora en jefe
Bobbie Kalman

Equipo de redacción
Molly Aloian
Bobbie Kalman

Editora de contenido
Kathryn Smithyman

Editoras
Kelley MacAulay
Reagan Miller
Rebecca Sjonger

Diseño
Margaret Amy Reiach
Samantha Crabtree (portada)
Mike Golka (logotipo de la serie)

Coordinación de producción
Katherine Kantor

Investigación fotográfica
Crystal Foxton

Consultora
Patricia Loesche, Ph.D., Programa sobre el comportamiento de animales, Departamento de Psicología, University of Washington

Consultor lingüístico
Dr. Carlos García, M.D., Maestro bilingüe de Ciencias, Estudios Sociales y Matemáticas

Ilustraciones
Barbara Bedell: páginas 9, 28
Margaret Amy Reiach: contraportada, páginas 5, 8 (larva y pupa), 25, 29
Bonna Rouse: página 8 (adulto)

Fotografías
James Kamstra: página 23
Robert McCaw: páginas 10 (parte superior), 12, 19 (pie de página), 20 (pie de página), 29
Minden Pictures: Rene Krekels/Foto Natura: página 10 (pie de página)
Photo Researchers, Inc.: Dr. John Brackenbury: página 31 (parte superior);
Scott Camazine: página 13 (parte superior)
Visuals Unlimited: Ken Lucas: página 25;
   Gary Meszaros: página 21;
   Bob Wilson: página 18
Otras imágenes de Brand X Pictures, Corel, Digital Vision y Otto Rogge Photography

Traducción
Servicios de traducción al español y de composición de textos suministrados por translations.com

---

Crabtree Publishing Company

www.crabtreebooks.com   1-800-387-7650

Cataloging-in-Publication Data
Aloian, Molly.
 [Insect life cycles. Spanish]
 El ciclo de vida de los insectos / written by Molly Aloian and Bobbie Kalman.
   p. cm. -- (El mundo de los insectos)
 Includes index.
 ISBN-13: 978-0-7787-8499-9 (rlb)
 ISBN-10: 0-7787-8499-1 (rlb)
 ISBN-13: 978-0-7787-8515-6 (pbk)
 ISBN-10: 0-7787-8515-7 (pbk)
 1. Insects--Development--Juvenile literature. 2. Insects--Life cycles--Juvenile literature. I. Title. II. Series.
 QL495.5.A4618 2006
 571.8'157--dc22
                                   2005036522
                                       LC

**Publicado en
los Estados Unidos**

PMB16A
350 Fifth Ave.
Suite 3308
New York, NY
10118

**Publicado en
Canadá**

616 Welland Ave.,
St. Catharines, Ontario
Canada
L2M 5V6

**Publicado en el
Reino Unido**

White Cross Mills
High Town, Lancaster
LA1 4XS
United Kingdom

**Publicado en
Australia**

386 Mt. Alexander Rd.,
Ascot Vale (Melbourne)
VIC 3032

Contenido

¿Qué son los insectos?   4

¿Qué es un ciclo de vida?   6

Dos tipos de cambios   8

Huevos diminutos   10

Pequeñas larvas   12

Crecer rápidamente   14

De larva a pupa   16

¡Hechas y derechas!   18

Nuevas ninfas   20

Alas en crecimiento   22

Insectos adultos   24

Encontrarse unos con otros   26

Poner huevos   28

Grandes diferencias   30

Glosario e índice   32

¿Qué son los insectos?

Hay insectos de distintas formas y colores. Unos tienen cuerpos angostos y otros tienen cuerpos redondos.

¿Sabías que...?
¡Más de la mitad de los animales de la Tierra son insectos! Los insectos pertenecen a un gran grupo de invertebrados llamados **artrópodos**.

Los **insectos** son animales **invertebrados**. Los invertebrados son animales que no tienen **columna vertebral**. La columna vertebral es un conjunto de huesos que se encuentra en la parte media de la espalda del animal.

Cubiertas duras

En lugar de columna vertebral, los insectos tienen una cubierta dura y protectora que les recubre el cuerpo. Esta cubierta se llama **exoesqueleto**. El exoesqueleto cubre todo el cuerpo del insecto, incluso la cabeza y las patas.

Tres partes del cuerpo

El cuerpo de un insecto tiene tres partes
principales: cabeza, **tórax** y **abdomen**. Los
ojos y el **aparato bucal** de los insectos
quedan en la cabeza. También hay dos
órganos sensoriales llamados **antenas** en
la cabeza. Todos los insectos tienen
seis patas. Algunos también
tienen alas. Las patas
y las alas están
fijas al tórax
del insecto.
Los **órganos
reproductores**
están dentro
del abdomen.

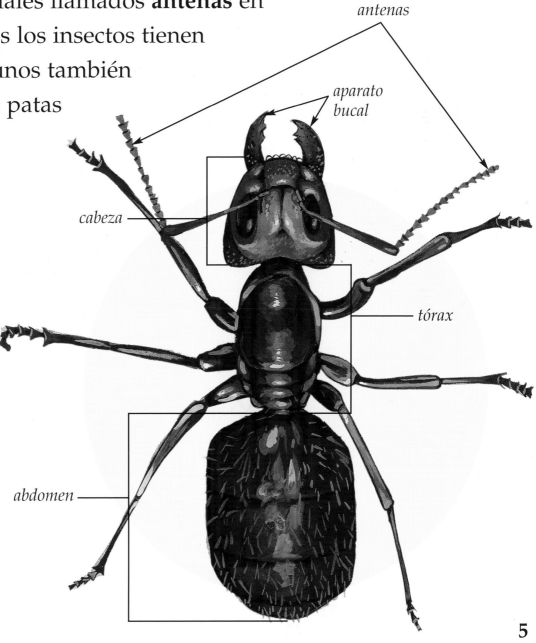

antenas

aparato
bucal

cabeza

tórax

abdomen

5

¿Qué es un ciclo de vida?

Todos los animales pasan por un **ciclo de vida**. Un ciclo de vida es una serie de **etapas** o cambios en la vida de un animal. Primero, nace o sale de un huevo. Luego la cría comienza a crecer. A medida que crece, se convierte en adulto. Cuando ya es adulto, el animal puede reproducirse.

Las orugas que ves arriba nacieron de huevos. Cambian mucho a medida que crecen. Con el tiempo, se convertirán en mariposas.

Cuerpos que cambian

La mayoría de los insectos pasan por una **metamorfosis** durante su ciclo de vida. La palabra metamorfosis significa "cambio de **forma**". Luego de pasar por la metamorfosis, el cuerpo del insecto ha cambiado y el insecto se ha convertido en adulto.

Esta mariquita es adulta.
Ha pasado por la metamorfosis.

Esta cigarra adulta ha pasado por muchos cambios desde que nació de un huevo hasta que se convirtió en adulto.

Dos tipos de cambios

Hay dos tipos principales de metamorfosis: la **metamorfosis completa** y la **metamorfosis incompleta**.

Un cambio completo

La metamorfosis completa tiene cuatro etapas: huevo, **larva**, **pupa** y adulto. Los escarabajos, las polillas de cera y las mariposas pasan por una metamorfosis completa.

Cuatro etapas

El escarabajo rinoceronte pasa por una metamorfosis completa durante su ciclo de vida.

El insecto comienza su ciclo de vida dentro de un huevo.

Después de nacer, se llama larva.

El insecto es un adulto en la última etapa de su ciclo de vida.

Durante la tercera etapa del ciclo de vida, se llama pupa.

8

Cambios incompletos

La metamorfosis incompleta tiene tres etapas: huevo, **ninfa** y adulto. Las libélulas, los saltamontes y las cigarras pasan por una metamorfosis incompleta.

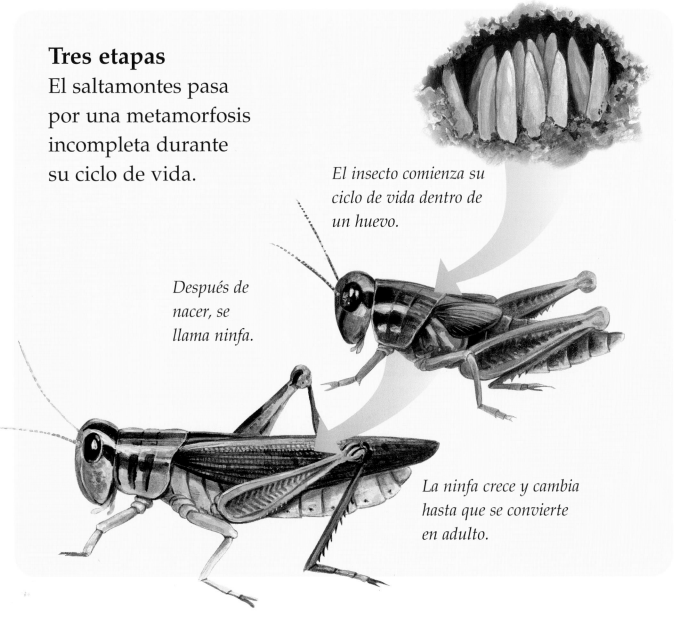

Tres etapas

El saltamontes pasa por una metamorfosis incompleta durante su ciclo de vida.

El insecto comienza su ciclo de vida dentro de un huevo.

Después de nacer, se llama ninfa.

La ninfa crece y cambia hasta que se convierte en adulto.

Huevos diminutos

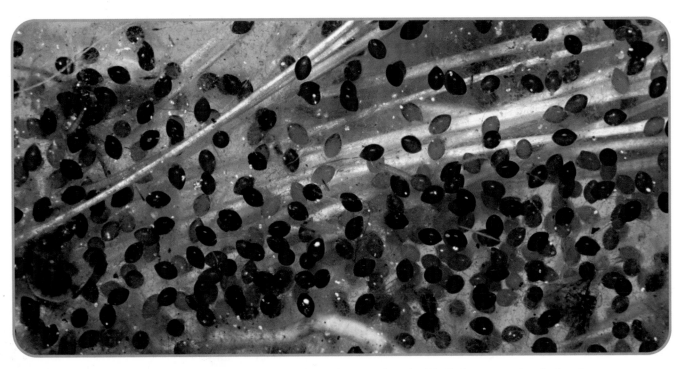

La mayoría de los insectos comienzan el ciclo de vida en un huevo. Los huevos de los insectos son diminutos. El huevo del insecto más grande mide sólo media pulgada (1.3 cm) de largo. Muchos huevos de insectos son blancos o amarillos. Otros son café o negros.

Estos huevos son huevos de polilla. Una larva de polilla saldrá de cada huevo.

Estos huevos de libélula son café. En unos días, las ninfas de libélula nacerán de los huevos.

¡A nacer!

La mayoría de las crías de los insectos nacen en la primavera o el verano. En estas épocas del año el clima es cálido y hay mucha comida para las crías.

La salida del huevo

Las crías de cada insecto nacen de distintas maneras. Algunas hacen huecos en los huevos para salir por ellos. Otras tienen puntas filosas en el cuerpo que les ayudan a salir del huevo.

Esta cría de escarabajo de la papa está saliendo del huevo. Cuando termine de salir, será una larva.

Pequeñas larvas

Después de salir del huevo, los insectos que pasan por la metamorfosis completa se llaman larvas. Las larvas no se parecen a los adultos. Muchas no tienen patas, alas, ojos ni antenas. Las larvas que no tienen patas no se pueden mover de un lugar a otro.

Las larvas de los escarabajos de la familia Buprestidae no tienen patas, alas ni antenas. No pueden ir muy lejos.

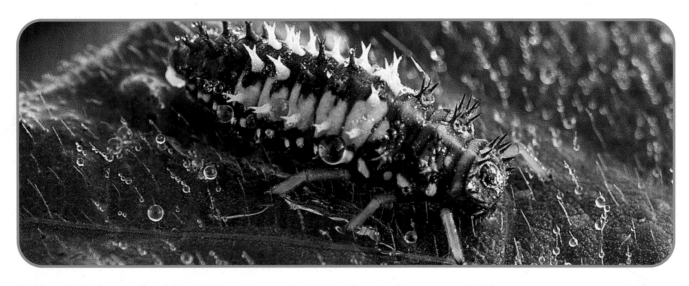

La larva de la mariquita asiática tiene seis patas. Se puede mover rápidamente.

Un montón de larvas

Las larvas de insectos pueden ser de distintos colores, formas y tamaños. Muchas son diminutas. Algunas tienen un cuerpo liso y delgado. Otras son gordas y peludas.

Distintos hogares

Cada tipo de larva vive en un lugar distinto. Muchas larvas viven en las plantas. Algunas viven en el suelo, otras en la tierra y otras, dentro de la madera. Unos pocos tipos de larvas viven en el agua.

Estas larvas blancas de hormiga viven en la tierra. No se pueden mover. Las hormigas adultas las alimentan y las cuidan.

Las orugas son larvas. Esta oruga es gorda y peluda. Vive en el suelo.

Crecer rápidamente

Esta oruga agrimensora es herbívora. Se alimenta de una hoja. La larva necesita comer mucho para poder crecer.

Las larvas deben comer para vivir. Comienzan a comer desde que salen del huevo. De hecho, pasan casi todo el tiempo comiendo.

Comida para larvas

Cada tipo de larva se alimenta de una comida distinta. Muchas larvas comen partes de plantas, como hojas, raíces, tallos y madera. Estas larvas se llaman **herbívoras**. Algunas comen insectos diminutos o animales pequeños. Las larvas que comen otros animales se llaman **carnívoras**.

Las larvas de la avispa que ves a la izquierda son carnívoras. Las avispas adultas atrapan insectos para alimentar a las larvas hambrientas.

Liberación del exoesqueleto

A medida que las larvas comen, su cuerpo crece. Sin embargo, el exoesqueleto no crece a la misma velocidad. Por eso las larvas deben pasar por una **muda** o cambio de exoesqueleto. La muda le da espacio a la larva para crecer. La mayoría de las larvas mudan varias veces. Cada vez que tienen una muda, les sale un nuevo exoesqueleto que es más grande.

Esta oruga acaba de tener una muda. Su viejo exoesqueleto cuelga del tallo de la planta. El nuevo exoesqueleto se ha endurecido alrededor del cuerpo de la oruga.

De larva a pupa

Cuando una larva está lista para convertirse en pupa, busca un lugar seguro. Algunas larvas se meten bajo la tierra antes de convertirse en pupas. Otras se sujetan de tallos, de ramitas o de la parte inferior de una hoja. Otras más usan el aparato bucal para hacer pequeños huecos en los árboles. Luego se meten en los huecos y comienzan a convertirse en pupas.

Esta oruga de Papilio zelicaon *es una larva. Se está sujetando del tallo de una planta. Pronto se convertirá en pupa.*

Convertirse en pupas

Antes de convertirse en pupas, tienen otra muda. Después de las últimas mudas, algunas larvas tejen a su alrededor **capullos** ajustados, o envolturas de seda. Otras se rodean de envolturas duras. Los capullos y las envolturas duras protegen a las pupas a medida que se convierten en adultos.

Grandes cambios

Las pupas cambian completamente en el interior de sus capullos o envolturas. Desarrollan las alas y órganos reproductores. Ahora las pupas se están convirtiendo en insectos adultos. Muchas no se mueven ni comen durante esta etapa de su ciclo de vida.

La larva de Papilio zelicaon *ahora es una pupa. Parece una hoja verde. Esto le ayuda a esconderse para que los animales hambrientos no se la coman.*

¡Hechas y derechas!

Cuando las pupas terminan de cambiar, **emergen** o salen de sus capullos o envolturas. Han terminado la metamorfosis completa. Los insectos adultos ahora pueden tener sus propias crías.

Esta mariposa de Papilio zelicaon *tiene un aspecto muy diferente de cuando era una larva (ver página 16).*

Cuerpos diferentes

El cuerpo del insecto adulto es diferente del que tenía cuando era larva. Todos los insectos adultos tienen seis patas y muchos tienen alas.

Nuevo aparato bucal

La mayoría de los insectos adultos se alimentan de comidas diferentes de las que comían cuando eran larvas. Muchas larvas de mariposas y polillas tienen aparatos bucales filosos para masticar plantas. Cuando llegan a la etapa adulta, tienen aparatos bucales largos y finos para succionar el **néctar** de las flores. El néctar es un líquido dulce que se encuentra en las flores.

El aparato bucal largo y fino de una mariposa adulta se llama probóscide. La mariposa enrolla la probóscide cuando no está succionando el néctar de las flores.

probóscide enrollada

La mariquita asiática de la mitad ha finalizado la metamorfosis completa. Su cuerpo está totalmente formado. Las pupas de los lados todavía no son adultos.

Nuevas ninfas

Esta ninfa de chinche de escudo está en la segunda etapa de su metamorfosis incompleta.

Después de salir del huevo, los insectos que pasan por una metamorfosis incompleta se llaman ninfas. Su metamorfosis es incompleta porque las ninfas no se convierten en pupas. Sólo hay tres etapas en la metamorfosis incompleta.

Esta ninfa de afrófora se protege de otros animales rodeándose de un líquido espumoso. Fabrica el líquido en el interior de su cuerpo. La ninfa se esconde dentro del líquido.

El cuerpo de las ninfas

Muchas ninfas tienen el aspecto del adulto en tamaño pequeño. La mayoría de las ninfas tienen ojos, patas y antenas, pero no tienen todas las partes del cuerpo del adulto. Las ninfas no tienen alas.

Ninfas hambrientas

Para crecer, las ninfas necesitan mucha comida. Algunas son herbívoras. Succionan los jugos de las plantas y comen partes de plantas. Otras son carnívoras. Comen animales pequeños. Algunas ninfas carnívoras viven en el agua. Atrapan y comen animales, como renacuajos, pequeños peces y cualquier insecto que esté en el agua.

Esta ninfa de libélula vive en el agua. Todavía no tiene alas.

21

Alas en crecimiento

Las ninfas tienen mudas a medida que crecen. La mayoría tiene tres o cuatro mudas. ¡Algunas ninfas tienen entre veinte y treinta mudas! A medida que tienen mudas, las alas les crecen lentamente.

Placas de ala

Primero, a las ninfas les salen alas pequeñas llamadas **placas de ala** en el tórax. Las ninfas no pueden usar las placas de ala para volar porque estas alas todavía no son muy grandes. Con cada muda, las placas de ala crecen. Cuando las ninfas pasan por su última muda, las placas de ala están casi listas para el vuelo.

Con cada muda, las placas de ala de la libélula crecen un poco.

La última muda

La ninfa tiene su última muda antes de convertirse en adulto. Si la ninfa vive en el agua, se trepa a una hoja o tallo antes de pasar por su última muda.

El paso a adulto

Durante la muda, el exoesqueleto de la ninfa se abre por detrás de la cabeza. La ninfa se convierte en adulto después de salir del exoesqueleto.

Esta libélula adulta acaba de salir de su exoesqueleto.

Insectos adultos

Para poder volar, la mayoría de los insectos adultos deben esperar a que sus alas se sequen. Cuando las alas están secas y duras, pueden volar de un lugar a otro. Los adultos también pueden tener crías propias. La libélula que ves en esta página es un adulto.

Las mismas comidas

Muchos insectos que pasan por la metamorfosis incompleta se alimentan de las mismas comidas que comían cuando eran ninfas. Éstos no desarrollan aparatos bucales diferentes. Si una ninfa tenía un aparato bucal masticador, el insecto adulto también lo tendrá.

Esta chinche adulta tiene un aparato bucal que le sirve para succionar líquidos del cuerpo de otros insectos. Tenía el mismo aparato bucal cuando era ninfa.

Las ninfas y adultos de la chinche Oncopeltus fasciatus *se alimentan de una planta llamada algodoncillo.*

Encontrarse unos on otros

Los insectos machos y hembras de la misma clase se aparean.

Para tener crías, un insecto adulto debe encontrar a otro insecto adulto de la misma clase para **aparearse**. Aparearse significa unirse para tener crías. Cada tipo de insecto tiene formas distintas de encontrarse.

*Los saltamontes, las cigarras y los grillos machos usan sonidos para atraer a las hembras. Estos insectos **chirrían** o producen sonidos agudos y cortos al frotar ciertas partes de su cuerpo. El saltamontes macho produce sonidos frotando una pata contra un ala.*

Aromas especiales

Cuando las hembras están listas para aparearse, despiden ciertos **aromas** u olores. Los aromas atraen a los insectos machos hacia las hembras. Los insectos machos usan sus antenas para seguir los aromas. Finalmente, los machos encuentran a las hembras.

La mariposa macho del gusano de seda tiene antenas largas y peludas. Las usa para seguir el aroma de la hembra. Después de que el macho encuentra a la hembra, los dos adultos se aparean.

Poner huevos

Después de que el macho y la hembra se aparean, la hembra pone huevos. La mayoría de las hembras ponen huevos en lugares seguros. Los ponen en la parte de abajo de las hojas o los entierran en la arena o el suelo. Otras los ponen en el agua. Al poner los huevos en lugares seguros impiden que otros animales se los coman.

Esta chinche hembra puso sus huevos en una hoja.

28

Las primeras comidas

A menudo las hembras ponen los huevos encima o cerca del tipo de comida que las ninfas o las larvas necesitan. Por ejemplo, las mariposas monarcas ponen sus huevos en una planta que se llama algodoncillo. Cuando las larvas salen del huevo, se comen las hojas del algodoncillo.

Esta oruga de mariposa monarca acaba de nacer en un algodoncillo. Ahora está comiendo su primera comida.

*Algunos insectos ponen sus huevos dentro de estuches duros llamados **ootecas**. Arriba puedes ver la ooteca de una mantis religiosa. La ooteca protege los huevos y los mantiene juntos.*

29

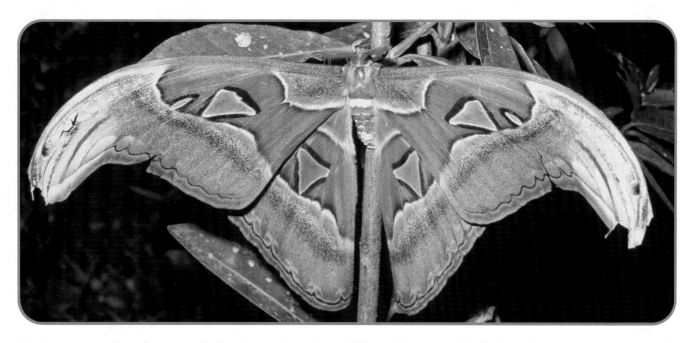

Grandes diferencias

Muchas veces el cuerpo de la larva y la ninfa es muy diferente del cuerpo del insecto adulto. Observa el cuerpo de las larvas y ninfas de estas páginas y compáralo con el cuerpo de los insectos adultos. ¿Qué diferencias de color y forma encuentras?

Esta oruga de Attacus atlas *es una larva.*

La Attacus atlas *ahora es adulta. Menciona cinco diferencias entre el adulto y la oruga que ves arriba.*

El insecto de la izquierda es una larva de escarabajo de la papa. El insecto de la derecha es un adulto de escarabajo de la papa. ¿En qué se diferencia el adulto de la larva?

El insecto de arriba es una ninfa de caballito del diablo. Está pasando por la metamorfosis incompleta.

El caballito del diablo adulto tiene un aspecto muy diferente de la ninfa. Describe qué cambios tuvo.

31

Glosario

Nota: Es posible que las palabras en negrita que están definidas en el texto no figuren en el glosario.

antenas Órganos sensoriales que los insectos usan para sentir el mundo que los rodea

aparato bucal Parte de la cabeza de un insecto que se usa para cortar, tomar o comer los alimentos

artrópodo Gran grupo de animales con patas flexibles y cuerpos formados por secciones

carnívoro Animal que se come a otros animales

capullo Envoltura de seda que las orugas tejen a su alrededor antes de convertirse en mariposas o polillas

herbívoro Animal que come plantas

metamorfosis Cambio total del cuerpo de un animal de una forma a otra

muda Liberación del exoesqueleto y desarrollo de otro más grande

órganos reproductores Partes del cuerpo del insecto adulto que se usan para unirse con otro insecto de la misma clase y producir crías

Índice

adultos 6, 7, 8, 9, 13, 14, 17, 18, 19, 21, 23, 24, 25, 26, 27, 30, 31

alas 5, 12, 17, 19, 21, 22, 24, 26

antenas 5, 12, 21, 27

aparato bucal 5, 16, 19, 25

aparearse 26, 27

ciclos de vida 6, 7, 8, 9, 10, 17

comida 11, 14, 19, 21, 25, 29

cuerpos 4, 5, 7, 11, 13, 15, 19, 20, 21, 25, 26, 30

escarabajos 8, 11, 12, 31

huevos 6, 7, 8, 9, 10-11, 20, 28, 29

larvas 8, 10, 11, 12-13, 14, 15, 16, 17, 18, 19, 29, 30, 31

metamorfosis completa 8, 12, 18, 19

metamorfosis incompleta 8, 9, 20, 25, 31

muda 15, 17, 22, 23

ninfas 9, 10, 20-21, 22, 23, 25, 29, 30, 31

pupas 8, 16, 17, 18, 19, 20

salir del huevo 6, 7, 8, 9, 10, 11, 12, 14, 20, 29

saltamontes 9, 26

1 2 3 4 5 6 7 8 9 0 Impreso en Canadá 5 4 3 2 1 0 9 8 7 6